Class of 2019

_____

_____

_____

Name

Well Wishes

_____

_____

_____

_____

_____

_____

_____

Name

Well Wishes

Name

Well Wishes

Name

Well Wishes

_____

Name

Well Wishes

_____

_____

_____

_____

_____

_____

_____

Name

Well Wishes

Name

Well Wishes

_____

Name

Well Wishes

_____

_____

_____

_____

_____

_____

_____

Name

Well Wishes

_____

Name

Well Wishes

_____

_____

_____

_____

_____

_____

_____

Name

Well Wishes

Name

Well Wishes

Name

Well Wishes

Name

Well Wishes

Name

Well Wishes

Name

Well Wishes

Name

Well Wishes

Name

Well Wishes

Name

Well Wishes

Name

Well Wishes

Name

Well Wishes

_____

Name

Well Wishes

_____

_____

_____

_____

_____

_____

_____

Name

Well Wishes

_____

Name

Well Wishes

_____

_____

_____

_____

_____

_____

_____

Name

Well Wishes

Name

Well Wishes

Name

Well Wishes

Name

Well Wishes

_____
Name

Well Wishes

_____

_____

_____

_____

_____

_____

_____

Name

Well Wishes

_____

Name

Well Wishes

_____

_____

_____

_____

_____

_____

Name

Well Wishes

Name

Well Wishes

_____

Name

Well Wishes

_____

_____

_____

_____

_____

_____

Name

Well Wishes

Name

Well Wishes

Name

Well Wishes

_____

Name

Well Wishes

_____

_____

_____

_____

_____

_____

_____

_____

Name

Well Wishes

_____

_____

_____

_____

_____

_____

_____

Name

Well Wishes

Name

Well Wishes

Name

Well Wishes

_____

Name

Well Wishes

_____

Name

Well Wishes

_____

_____

_____

_____

_____

_____

_____

_____

Name

Well Wishes

_____

_____

_____

_____

_____

_____

_____

Name

Well Wishes

_____

_____

_____

_____

_____

_____

Name

Well Wishes

_____

Name

Well Wishes

_____

_____

_____

_____

_____

_____

_____

Name

Well Wishes

_____

Name

Well Wishes

_____

_____

_____

_____

_____

_____

_____

Name

Well Wishes

Name

Well Wishes

Name

Well Wishes

Name

Well Wishes

Name

Well Wishes

Name

Well Wishes

Name

Well Wishes

Name

Well Wishes

Name

Well Wishes

Name

Well Wishes

Name

Well Wishes

Name

Well Wishes

Name

Well Wishes

Name

Well Wishes

_____

Name

Well Wishes

_____

_____

_____

_____

_____

_____

_____

Name

Well Wishes

_____

_____

_____

_____

_____

_____

_____

Name

Well Wishes

_____

Name

Well Wishes

_____

Name

Well Wishes

_____

_____

_____

_____

_____

_____

Name

Well Wishes

_____

Name

Well Wishes

_____

_____

_____

_____

_____

_____

_____

Name

Well Wishes

Name

Well Wishes

Name

Well Wishes

Name

Well Wishes

Name

Well Wishes

Name

Well Wishes

Name

Well Wishes

Name

Well Wishes

Name

Well Wishes

Name

Well Wishes

Name

Well Wishes

_____

Name

Well Wishes

_____

_____

_____

_____

_____

_____

_____

Name

Well Wishes

_____

Name

Well Wishes

_____

Name

Well Wishes

_____

_____

_____

_____

_____

_____

_____

_____

Name

Well Wishes

_____

_____

_____

_____

_____

_____

Name

Well Wishes

Name

Well Wishes

_____

Name

Well Wishes

_____

_____

_____

_____

_____

_____

_____

Name

Well Wishes

_____

_____

_____

_____

_____

_____

Name

Well Wishes

_____

Name

Well Wishes

_____

_____

_____

_____

_____

_____

_____

Name

Well Wishes

_____

Name

Well Wishes

_____

_____

_____

_____

_____

_____

_____

57139000R00057

Made in the USA
Columbia, SC
05 May 2019